AF232502

LETTRES ET PROTESTATIONS

SUR L'AMNISTIE

DU 17 AOUT 1859

PAR

LOUIS BLANC, — VICTOR HUGO, — PROUDHON, — HETZEL, — VICTOR SCHŒLCHER, — EDGAR QUINET, — LE COLONEL CHARRAS, — FÉLIX PYAT, — J.-B. BERNARD, de Marseille, — BRONSIN, condamné à mort, — E. CŒURDEROY.

« Le crime n'a pas le droit d'absoudre les victimes. »
FÉLIX PYAT.

« À qui viole la loi il n'appartient pas de faire grâce
» à qui la défendit »
CHARRAS.

« On n'amnistie pas le droit et la justice. »
E. QUINET.

LAUSANNE

IMPRIMERIE TYPOGRAPHIQUE DE A. LARPIN
rue des Terreaux, 16.

—

1859

OPINIONS

SUR

L'AMNISTIE DU 17 AOUT 1859

554.

LOUIS BLANC, 17 AOUT 1859

« Monsieur,

» L'annonce d'une amnistie générale, telle qu'on la lit dans les divers journaux du soir, me suggère quelques réflexions pour lesquelles je prends la liberté de vous demander une place dans vos colonnes.

» Est-il convenable que la grâce vienne de qui vint l'offense ; qu'une absolution soit accordée pour des « crimes » qui n'ont pas été commis, et que ceux-là soient pardonnés qui, victimes de la plus cruelle iniquité, ont été traînés hors de leur pays, arrachés à leurs familles, frappés dans toutes leurs affections, et condamnés à tous les maux? C'est ce que je ne rechercherai pas ici. Parlant en mon nom, en mon seul nom, et me plaçant à un point de vue purement pratique, je reconnais que, dans sa position, Louis Bonaparte ne pouvait guère faire, en ce moment, pour nous plus qu'il n'a fait. Mais il n'en est pas moins vrai qu'une faveur dédaigneuse, dangereuse peut-être, n'est pas tout ce qu'ont droit d'attendre des cœurs qui ont saigné si longtemps. Le *pardon* ne saurait payer les dettes de la *justice*.

» Mais brisons là. Des considérations d'un ordre plus élevé et d'un intérêt plus général sont ici en jeu.

» Que la liberté soit entièrement et sincèrement rendue à la France : quant à moi j'applaudirai. On peut oublier ses propres injures, mais celles de son pays!...

» On nous rouvre la France : tant qu'elle ne s'appartient pas, pourquoi en prendrions-nous le chemin? Pour compléter la victoire de la force sur le droit? Pour achever de mettre le despotisme impérial au-dessus de tout contrôle? Pour éteindre les quelques phares qui, entretenus par des mains françaises, peuvent encore brûler dans le lointain aux yeux de notre infortuné pays? Pour vivre esclave parmi les esclaves? Mieux vaut rester sur une terre libre, là où être exilé c'est continuer d'être un homme.

» Non que notre cher pays me paraisse, parce qu'il est momentanément enchaîné, avoir moins de droits à notre absolu dévouement : non, non! Une combinaison fatale de circonstances impossibles à maîtriser, voilà ce qui a créé cet état d'abaissement intellectuel et d'agonie morale où la France est aujourd'hui plongée ; la force brutale — rien de plus, — voilà ce qui l'y maintient. C'est pourquoi nous aimons la France avec un redoublement d'amour, la sachant où elle est. Que, tôt ou tard, elle reprenne la vie et redevienne à elle-même, comment en douter? Pour moi, si j'ai une croyance indéracinable et à laquelle je tienne plus qu'à la vie, c'est celle-là. Mais aussi longtemps que la France sera condamnée au silence et à la nuit, que quelques-uns, du moins quelques-uns de ses fidèles enfants se résignent à vivre loin d'elle pour garder ainsi le pouvoir de représenter son vrai génie, de donner un écho à ses douleurs, d'en dénoncer les causes, d'invoquer bien haut ses souvenirs les plus glorieux, d'affirmer tant d'aspirations vers la liberté qu'on refoule en son cœur, et de proclamer en son nom les principes éternels de la justice et les droits de la raison humaine.

« 17 août 1859. »   Louis BLANC. »

LOUIS BLANC, 24 AOÛT 1859

« Monsieur, parmi mes coexilés il en est qui sont dans une position horrible et que leurs familles rappellent avec une impatience pleine d'angoisses. Quelques-uns de ceux-là, assiégés de doutes, m'écrivent pour savoir si mon opinion est qu'ils ne doivent point profiter de l'amnistie. Inutile de vous signaler l'intérêt qui s'attache à cette question, tout aussi bien par rapport à ceux dont je parle qu'à d'autres qui peuvent se trouver dans des circonstances semblables, et c'est pourquoi je vous prie de vouloir publier ma réponse.

» Que l'amnistie soit accueillie avec un sentiment de satisfaction ardente et sans réserve, en tant qu'elle s'applique aux infortunés qui vont se voir arrachés à la déportation, à la nuit des cachots, à la mort dans la vie, qui pourrait y contredire? Qui pourrait penser sans émotion à ces mères, à ces femmes, à ces enfants que l'espoir inattendu d'embrasser des êtres qui leur sont chers a fait tressaillir de joie?

» Et ceux-là aussi ont pu apprendre la nouvelle de l'amnistie avec un vif battement de cœur, dont le retour se justifie par une situation plus particulièrement pénible ou par des raisons de famille d'un caractère plus pressant; car le problème est un de ceux dont la solution ne rentre pas dans la catégorie des engagements de parti, mais relève de la responsabilité personnelle. A des hommes placés dans des circonstances très-différentes, une question de ce genre ne saurait se présenter tout à fait sous le même aspect. Or, l'amnistie étant sans conditions, il n'y a pas ombre de déshonneur à en profiter, surtout pour aller remplir ces devoirs de famille qui, comme les devoirs de la vie politique, ont leurs exigences suprêmes et leur sainteté.

» Nul par conséquent, s'il se laisse guider en conscience par de telles considérations, n'est repréhensible ou à blâmer de ce qu'il saisit l'occasion, bien qu'éprouvant de la répugnance à recevoir le bienfait.

» D'un autre côté, il y a, dans la proscription, des hommes qui, sans être le moins du monde animés du sot désir de se poser en martyrs, doivent à leur position même de sacrifier toute considération personnelle à ce qu'ils jugent être un devoir public. S'ils croient avoir de suffisants motifs pour penser que leur retour serait sans sécurité et ne servirait ni leur cause ni leur pays, ils sont parfaitement fondés à demeurer là où ils ont le droit de dire leur pensée, toute leur pensée, sous la protection de la loi. Servir la France en France est pour nous maintenant évidemment impossible. La servir au-dehors est la seule chance qui nous soit laissée, du moins tant que la politique de l'empire n'aura pas changé.

J'ai déjà reconnu, ce qui, je le dis à regret, a été volontairement ignoré par mes critiques, que Louis Bonaparte, dans l'état actuel des choses, ne pouvait guère faire pour nous plus qu'il n'a fait. Mais l'amnistie n'acquitte pas la dette qu'il doit à la France, et de ce paiement seul, il dépend que l'amnistie devienne un acte sincère et vraiment national.

» Qu'il soit mis un terme au résultat si odieux qui confisque la liberté personnelle sur un simple soupçon, et qui est, dans le fait, pire que la fameuse loi des suspects, rendue dans les plus sombres jours de la révolution française; — qu'il soit personnellement admis en principe que nul ne sera désormais traité de coupable qu'après avoir été, par l'organe du jury, déclaré tel; — que la presse soit rendue libre par le retrait de cet écrasant système d'avertissements qui annule le jury, et qui met toute la fortune d'un homme en péril pour un mot hasardé; — que la représentation nationale élue en dehors de toute espèce de contrainte soit reçue à parler ouvertement au pays, sans qu'aucune entrave soit apportée à la publicité de ses délibérations; — que la France enfin soit réintégrée dans la jouissance de ces droits qui constituent la liberté civile et politique, alors l'amnistie sera une mesure claire et appréciable. Jusque-là elle demeure exposée au soupçon de manque de sincérité et peut être considérée comme un signe de faiblesse plutôt que de force. Lorsque tout ce que je viens de dire aura été fait, oh! alors et j'insiste sur ce point afin d'aller au devant de toute interprétation fausse, ce pourra être, non-seulement le désir, mais le devoir de ceux qui se seraient résignés à un exil volontaire de rentrer dans leur pays, non pas certes pour imposer de force leurs opinions particulières à la majorité du peuple, qui n'en voudrait pas, mais pour les soumettre à l'épreuve d'une discussion paisible et libre, de telle sorte qu'on les adopte si on les trouve bonnes, ou qu'on les rejette dans le cas contraire.

» J'ai l'honneur d'être, Monsieur, votre très-humble et très-obéissant serviteur.

» LOUIS BLANC. »

VICTOR HUGO, 18 AOUT 1859

« Personne n'attendra de moi que j'accorde, en ce qui me concerne, un moment d'attention à la chose appelée amnistie.

» Dans la situation où est la France, protestation absolue, inflexible, éternelle, voilà pour moi le devoir.

» Fidèle à l'engagement que j'ai pris vis-à-vis de ma conscience, je partagerai jusqu'au bout l'exil de la liberté. Quand la liberté rentrera, je rentrerai.

» Guernesey, Hauteville-House, 18 août.

» Victor HUGO. »

PROUDHON, 17 AOUT 1859

« Le décret d'amnistie ne m'est point applicable, attendu que le caractère de cette amnistie est essentiellement politique, et que depuis la loi du 25 février 1852, les délits dits de presse, ou commis par la voie de la presse, ne sont plus que des délits ordinaires, lesquels ne tombent pas dans les termes du décret. La note du *Moniteur,* qui a étendu le bénéfice de l'amnistie aux journaux frappés d'avertissements ou de condamnations, ne m'est pas applicable non plus, puisque, d'après la loi précitée, cette note ne peut constituer qu'une exception et que l'exception confirme la règle.

» Comme tout le monde j'ai cru, sur la foi de quelques journaux qui se sont empressés de publier des catégories d'amnistiés, parmi lesquels figurait mon nom, j'ai cru, dis-je, un moment que j'étais compris dans l'amnistie. Il m'a suffi de jeter les yeux sur les *textes du Moniteur* pour me détromper : je n'ai pas eu besoin pour cela, comme on l'a écrit, d'envoyer ma femme en consultation ou sollicitation à Paris. »

« Vous dirai-je maintenant, M. le rédacteur, ma pensée sur cette amnistie, à propos de laquelle on a fait tant de suppositions et jusqu'à des protestations ? Toute chose se définit par ce qu'elle contient et par ce qu'elle ne contient pas. Que le vainqueur de Solférino et de Magenta amnistie les ennemis de son pouvoir, cela s'explique : Il se juge trop haut désormais, trop bien assis pour avoir à les craindre de près ni de loin ; mais qu'en même temps le pacificateur de Villafranca ait cru devoir laisser là où ils sont les ennemis condamnés de l'Eglise, on le comprend encore mieux. Tranquille sur l'avenir de sa dynastie, Napoléon III est loin d'être aussi rassuré sur la solidité du St-Siége et la perpétuité de l'Eglise, et c'est pour cela que nous nous trouvons exclus de l'amnistie, M. Erdan, M. de Lachâtre, moi et bien d'autres.

» Peut-être que je me trompe, peut-être que les intentions de l'empereur n'ont pas été comprises, et que le rédacteur du décret, par sottise ou méchanceté, aura jugé à propos de ne faire les choses qu'à moitié. Je voudrais qu'il en fut ainsi. Je voudrais savoir si Napoléon III se figure qu'il a vaincu pour deux, pour l'Eglise et pour lui. J'aurais plaisir, je l'avoue, d'aller voir si la France est aussi jésuite et encapuchonnée qu'on le suppose ; oui, j'irai, au risque de me voir condamner de nouveau pour outrage aux mœurs.

» Je suis avec la plus parfaite considération, M. le rédacteur,

» Votre très-humble et obligé,

» J.-P. PROUDHON. »

HETZEL, 30 AOUT 1859

» Monsieur le rédacteur.

» Je lis dans un journal de Bruxelles les lignes suivantes, qu'il cite comme empruntées à la *Correspondance générale* :

« Quelques journaux ont annoncé que M. Hetzel, réfugié, était rentré
» en France dès 1852. L'arrêté d'expulsion avait été rapporté par le
» prince président de la République, et c'est volontairement, pour pour-
» suivre des opérations industrielles, que M. Hetzel résidait à Bruxelles,
» en vertu d'une permission, d'où il revenait chaque année en France et
» y restait quelques mois. M. Hetzel se trouvait encore à Chartres en
» juillet dernier. »

» La *Correspondance générale* étant reproduite par de nombreux journaux soit à Paris, soit dans les départements, je vous prie, monsieur le rédacteur, de vouloir bien prêter votre publicité à la réponse que j'ai à faire à ses allégations.

» La *Correspondance générale* se trompe. L'arrêté d'expulsion en vertu duquel j'ai été exilé, le 4 décembre 1851, n'a été abrogé que par la récente amnistie. Je n'ai résidé en Belgique depuis bientôt huit ans que faute de pouvoir résider en France. Le soin de graves affaires, intéressant des tiers, qui m'étaient confiées, m'eût fait un devoir en tout temps de rester à Paris si cela ne m'eût pas été interdit.

» Depuis huit ans, j'ai, à de longs intervalles et presque toujours dans des circonstances douloureuses, fait quelques rapides voyages en France.

Un sauf-conduit limité m'était délivré dans ces occasions comme à ceux de mes compagnons d'exil qu'un devoir rappelait momentanément dans leur pays. J'y étais notamment en juillet dernier, comme le dit la *Correspondance générale*, qui dit vrai en ceci. Une dépêche télégraphique m'avait appelé auprès du lit de mort de ma mère. J'ai eu la douleur de la perdre, le 19 juillet, sans qu'elle eût pu pressentir, non plus que moi, la fin de mon exil.

» Vous me permettrez de prier les journaux de France et de l'étranger d'accueillir avec une extrême réserve les renseignements que des correspondants, ou mal intentionnés ou mal informés, leur donnent journellement sur notre compte.

» Je ne crois pas qu'aucun de nous tienne à occuper de détails intimes la publicité. Qu'on nous épargne donc d'avoir à le faire. Il y a peu d'exilés volontaires. Il faut des circonstances graves, des situations exceptionnelles, des intérêts moraux plus que matériels pour expliquer le séjour, non forcé, d'un Français à l'étranger. Tous ceux qui ont connu l'exil sont là pour le dire ou le sentir avec moi. L'exil n'a pas de joies. Qu'on s'abstienne donc de parler de nous sans nécessité.

» L'amnistie nous rouvre les portes de la France *sans conditions ni exceptions*. Que la presse ne change rien à ce que cette formule a de clair pour nos consciences, en nous mettant en demeure de parler alors que le silence nous convient. Qu'elle ne s'étonne ni de voir rentrer ceux-ci, ni de voir rester ceux-là, et qu'elle se souvienne que, si absolue que soit la mesure qui supprime les barrières qui nous fermaient la France, il en est, et plus qu'on ne croit, de ceux qui ont quitté la France qui ne sauraient y rentrer. Ce ne sont pas seulement des vivants que nous laisserons derrière nous. Il est telle famille qui laissera sur la terre de l'exil plus d'une tombe, pourquoi nous forcer à le rappeler ?

» Je prie ceux des journaux dont parle la *Correspondance générale* qui ont reproduit les assertions erronées auxquelles je réponds, d'avoir la bonne foi d'accueillir le démenti qu'ils m'obligent à leur donner. »

VICTOR SCHOELCHER, 25 AOUT 1859

« Mon désir le plus cher est de retourner en France. Peu m'importe le nom que les bonapartistes ont, avec tant de mauvais goût, attaché à leur acte. Bien qu'ils aient écrit *amnistie* sur la porte, la trouvant ouverte, je la passerais s'il m'était possible de passer. Je n'ai pas de sympathie pour la position d'émigré et je ne me soucie pas d'être un martyr imaginaire ; mais d'autre part je ne tiens pas à être un transporté volontaire.

» Grâce à la dignité que conserve toujours pour lui et pour les autres, le peuple anglais, il nous a été permis de conserver devant le monde le drapeau de la république française. Les décembristes, désespérant d'étouffer ici notre voix, cherchent à nous attirer chez eux pour nous prendre à leurs piéges. Telle est la véritable base de la mesure ; car, à coup sûr, personne ne peut lui attribuer un motif généreux. C'est un nouveau piége, tendu par des hommes experts en coups de Jarnac. Quelle confiance peut-on avoir en leur décret ? Quelle sécurité peut-on trouver dans les paroles de leur chef ? Cet homme sans principe n'a-t-il pas violé les engagements les plus sacrés et trahi tous ses serments ?

» Pour ma part, j'attendrai pour retourner dans mon pays, à mes risques et périls, le moment où je pourrai espérer aider à rétablir, avec la république, le règne des lois et de la liberté.

» Puisque j'ai pris la plume, qu'il me soit permis de protester contre toutes ces expressions d'amnistie, de grâce et de clémence, que je vois figurer dans les journaux anglais. M. Bonaparte n'a pas plus le droit de nous accorder une amnistie qu'il n'avait le droit de nous envoyer en exil. Il serait absurde de lui reconnaître ce droit. Le pouvoir qu'il possède il l'a usurpé *(he holds by robbery)*; donc ce pouvoir ne lui appartient pas... De quel droit alors parle-t-il de pardon ? Est-ce que toutes les notions du bien et du mal, du juste et de l'injuste ont sombré dans le naufrage de la république française ? Depuis quand les violateurs de la loi ont-ils le droit de pardonner à ses défenseurs ?

» Le décret de M. Bonaparte est un acte immoral. Il nous accorde une amnistie ! Il est sous le poids d'un arrêt de mise en accusation de la haute cour de justice de France, de décembre 1851, qui l'accuse du crime de haute trahison. Il est vrai que des soldats, commandés par des généraux d'une réputation tarée, ont mis les juges à la porte ; mais c'est là un acte de force brutale qui ne peut pas changer les principes éternels. Aussitôt que l'autorité de la loi sera rétablie dans notre pays, le premier gendarme venu peut l'envoyer en prison pour être jugé. Les droits de la justice sont inaliénables, j'attends leur exercice avec confiance. »

EDGAR QUINET, 30 AOUT 1859

« Veytaux, 30 août 1859.

» Je ne suis ni un accusé, ni un condamné, je suis un proscrit. J'ai été arraché de mon pays par la force, pour être resté fidèle à la loi, au mandat que je tenais de mes concitoyens.

» Ceux qui ont besoin d'être amnistiés, ce ne sont pas les défenseurs des lois, ce sont ceux qui les renversent. On n'amnistie pas le droit et la justice.

» Je ne reconnais à personne le droit de me proscrire, de me rappeler à son gré dans mon pays, sauf à me proscrire encore. Je ne puis me prêter à ce jeu où se perd et s'avilit la nature humaine.

» En rentrant aujourd'hui, dans mon pays, je devrais renoncer à le servir, puisque j'y aurais les mains liées.

» Les exilés, pour rentrer dans leur pays, n'ont besoin du consentement de personne. Ils sont seuls juges du moment où il leur conviendra de retrouver une patrie que nul n'a le droit de leur ôter.

» La loi a été proscrite avec eux, la loi doit être rétablie avec eux.

» Est-ce leur rendre une patrie, que leur accorder, au lieu de la France qu'ils ont connue, une France sans droit, sans dignité possible, sans sécurité, dépouillée, par la violence et par la ruse, de tout ce qu'elles ont pu lui enlever?

» Si tant d'années souffertes par nous, d'exils, de transportations, de déportations, ou de mort, ne doivent pas être perdues pour la justice et pour l'humanité, je réclame, avant tout pour la France, au nom de tant de tortures injustement subies, les réparations suivantes:

» Je demande que les garanties ordinaires chez les peuples modernes soient rétablies pour les Français; que nul ne puisse plus être enlevé et séquestré par voie administrative, ni banni, ni transporté, soit en Afrique, soit à Cayenne, ni expulsé de son pays, sans jugement régulier et décision du jury; que la publicité des débats ne soit plus interdite; que les condamnations prononcées par les tribunaux ne puissent plus être changées et augmentées par l'arbitraire; que la peine subie de deux années de détention ne puisse plus être à plaisir transformée en un bannissement perpétuel, qui souvent, comme on l'a vu, équivaut à la peine de mort; que les biens confisqués soient rendus à leurs légitimes propriétaires; et comme garantie qui renferme toutes les autres, que la liberté de la tribune et celle de la presse soient restituées à la nation.

» Quant au droit de proscription en lui-même, je demande qu'il soit considéré comme nul et non avenu, n'ayant jamais existé, n'ayant pu ni ne pouvant donner aucun titre légal ni pouvoir quelconque contre ceux auxquels il a été ou serait appliqué. Tel est en effet le seul moyen de fermer la porte à l'ère des proscriptions dans laquelle on a fait rentrer le monde. Car si l'on est quitte envers l'humanité, pour rappeler de l'exil après dix ou vingt ans ceux qui survivent, si l'on ne tient aucun compte des morts que ceux-ci laissent après eux; ni de ceux que la souffrance a minés et qui ne reviennent dans leur pays que pour y mourir, si la violence n'est plus prise aux sérieux par les hommes, si elle n'entraîne contre celui qui s'y livre aucune conséquence, si elle ne réveille aucune idée de justice ni de réparation, si, au contraire, tout doit se changer en reconnaissance, qui voudra à l'avenir s'abstenir d'une violence heureuse?

» C'est donc l'ère des proscriptions indéfinies qui est consacrée; et chacun faisant à son tour ce qui a été admis pour celui qui a précédé, tout changement, tout renouvellement de parti sera marqué par l'expulsion de tous les partis contraires.

» Voilà la perversion absolue de la conscience humaine qu'il s'agit d'empêcher, et puisque l'Europe, même libre, se tait; puisqu'elle semble accepter le droit de proscription comme autorisé par le succès et entré dans les mœurs, c'est au proscrit de revendiquer la justice, de faire parler la conscience, non à son profit, mais à celui des autres.

» Je ne veux pas que les proscripteurs d'aujourd'hui soient les proscrits de demain.

» Je ne veux pas que la France et le monde retombent irrévocablement dans cette ère où chaque parti, à son avénement, expulse, bannit, extirpe en masse les partis opposés.

» Je ne veux pas que ce gouffre, déjà si profond, se creuse davantage, de manière à engloutir tout ce qui reste de justice parmi les hommes.

» Voilà pourquoi moi, proscrit, je proteste pour aujourd'hui et pour demain et pour les temps à venir contre ce droit de proscrire qui est le contraire du droit et ne peut rien fonder.

» La conscience d'un homme semble en ce moment bien peu de chose, mais peut-être le moment viendra où l'on trouvera bon de se rappeler que des exilés ont emporté et gardé le droit avec eux, et que toute justice n'est pas encore morte sur la terre.

» Edgar QUINET. »

Colonel CHARRAS, 21 août 1859

À Louis Bonaparte.

« Vous décrétez une amnistie. Vous pardonnez à ces milliers de citoyens, depuis si longtemps jetés par vous sur la terre étrangère, par vous tenus à la gêne sous le climat meurtrier de l'Afrique, dans les marais empestés de Cayenne.

» Ils défendaient contre vous la Constitution issue du suffrage libre et universel, cette Constitution qui avait reçu votre serment solennel de fidélité et que vous avez trahie.

» C'est pour cela que, naguère, vous les avez frappés.

» Maintenant, vous les amnistiez. Le criminel pardonne à ses victimes. Vous deviez emprunter ce nouveau trait aux Césars de Rome dégénérée.

» Devant l'opinion publique, devant l'histoire, je ne veux pas me prêter à ce perfide renversement de rôles. A qui viola la loi, il n'appartient pas de faire grâce à qui la défendit.

» Votre amnistie est un outrage à ceux qu'elle atteint : elle cache un piége, un guet-a-pens, comme chacune de vos paroles, comme chacun de vos serments ; cela ne me touche pas.

» Mais le représentant du peuple que vous avez violenté, emprisonné, banni ; l'officier que vous avez spolié ; moi que vous avez persécuté jusque sur la terre d'exil, je le déclare, je ne vous amnistie pas.

» Je ne vous pardonne pas la mort de quinze mille Français massacrés en décembre, dévorés par vos prisons et vos bagnes, par les misères et les chagrins de l'exil.

» Je ne vous pardonne pas l'attentat à la Constitution que vous aviez jurée, la destruction de la République qui vous avait rendu la patrie.

» Enfin, je ne vous pardonnerai pas d'avoir déshonoré le suffrage universel par la fraude et la terreur, d'avoir asservi et systématiquement démoralisé mon pays.

» Certes, loin de la famille, loin de la patrie, la vie a bien des amertumes, mais, dans la servitude, elle serait plus amère encore.

» Le jour où la Liberté, le Droit, la Justice, ces augustes proscrits, rentreront en France pour vous y infliger le plus mérité des châtiments, j'y rentrerai. Ce jour est lent à venir, mais il viendra ; et je sais attendre.

» Zurich, 21 août 1859.   CHARRAS. »

COMITÉ RÉVOLUTIONNAIRE DE LONDRES
21 AOÛT 1859

« *A nos concitoyens.*

» L'édifice est couronné. L'empire a comblé son injure envers nous ; il l'a faite pleine et entière ; il nous amnistie. Insulte, piége ou peur de l'avenir, il nous amnistie... nous ne l'amnistions pas. Les principes ne pardonnent pas. Les républicains de février ne pardonnent pas à l'empereur de décembre. Ils protestent contre son pardon. Après avoir osé punir, il ose absoudre, il consomme l'usurpation. Le crime n'a pas le droit d'absoudre les victimes. Il n'a pas plus le droit de grâcier que le droit de proscrire. Le droit de grâce ne va qu'avec le droit de peine, et ce droit est à nous, à nous contre lui.

» Ce que nous étions hier nous le sommes aujourd'hui et nous le serons demain, toujours et partout, en exil ou en France, malgré coup d'Etat et coup de grâce, ayant le droit sur lui, ayant le droit pour nous. Contre l'exercice de notre droit intact et souverain, qui prime et sa clémence et sa rigueur, il y avait quoi ? Une force de fait qui cède, un obstacle qui tombe, une porte qui s'ouvre. Libre à nous d'en user maintenant comme bon nous semble pour les besoins de notre cause. A lui nous ne devons que justice. Nous la lui ferons tôt ou tard. Si donc tôt ou tard nous rentrons chez nous, nous le déclarons à cette heure, nous rentrerons comme nous sommes sortis, en citoyens, nous rentrerons de notre droit plein et entier et pour mieux faire tout notre devoir.

» Le 21 août 1859.

» *Le délégué,*
» Félix PYAT. »

FÉLIX PYAT A LOUIS BLANC

Sur l'amnistie

(Fragment extrait du Courrier de l'Europe *par l'Avenir, de Nice, des 9 et 10 août 1859, n° 247.)*

« Rendons, rendons l'âme au corps, le sang aux veines, le nerf aux muscles, la foi, la vie au cœur, reversons tous ces vaillants de la pensée, de l'action, l'élite du parti, le ferment de la révolution, l'élément le plus chaud, le plus prompt, le plus convaincu, le plus contagieux, toutes les forces vives de la démocratie. Mêlons, agitons ces milliers de combattants de juin et de décembre, de tous les mois de notre fatal calendrier, rejetons toute cette masse énorme d'intelligence, d'enthousiasme, d'activité, de volonté, de dévouement, de ressentiment, de passion et de raison, toute cette vertu, tout cet amour, toute cette haine aussi, parole, écrit, génie, espoir, courage, toutes ces têtes, tous ces cœurs, tous ces bras dans le peuple, et si le peuple ne bouge pas, alors drapez-vous dans votre manteau de deuil et allumez non plus des phares, mais des torches funèbres, naturalisez-vous à votre guise, vous n'aurez pas à servir la France nulle part, ni dedans, ni dehors, elle sera morte.

» Autrement que ferons-nous? ce que nous avons fait depuis dix ans que nous vivons et mourons ici librement et dignement et qu'ils vivent et meurent en esclaves là-bas? Quoi donc? Rien de l'aveu même des plus entreprenants; rien, pas même l'unité d'action. Des cris de colère contre rois et reines, des réfutations éloquentes, les vôtres, un, deux chefs-d'œuvre en vers, en prose, coups de foudre en l'air, plus pour la gloire de l'auteur que pour la chute de l'ennemi. Même après le châtiment, le châtié en est-il moins trônant sur terre, triomphant et amnistiant? un acte de dévouement fera plus en France que tous les livres imprimés à Londres. Nous sommes là comme le chœur des Océanides, assourdissant le ciel et l'eau de nos tristes et vaines imprécations. Le vautour n'en ronge pas moins Prométhée.

» Le laisserons-nous continuer l'orgie encore dix ans? Si nous n'étions pas bannis, nous ferions tout pour l'être, allons-nous faire rebannir ! allons le combattre et non le consacrer ! allons grossir ses ennemis et non ses esclaves ! allons, non pas pour dire : « Sire, il n'y a rien de changé, il n'y a que des sujets de plus. » Mais pour lui dire : « Nous voici, c'est à vous de sortir ! » On ne peut rien en France, dites-vous. L'amnistie prouve la faiblesse plus que la force ! en avant donc ! sus à sa faiblesse ! poussons, poussons au fantôme et il s'évanouira !

» Le passé prouve l'avenir. Les faits plaident notre cause et lui fournissent deux vrais axiômes à l'appui. Toute idée bonne ou mauvaise qui émigre de gré ou de force est perdue pour son pays. Les absents ont tort. Les républicains anglais ont colonisé l'Amérique, mais ils ont laissé l'Angleterre à la royauté. L'aristocratie française est morte en France pour l'avoir quittée ; le protestantisme y est mort de même. Toute révolution au contraire triomphe par ses proscrits, ses revenants, par sa minorité fidèle qui ne lâche point pied, ne cède pas le terrain, retourne sans cesse, sans réserve à la charge et finit ainsi par changer les majorités.

« Si la plèbe romaine fût restée dignement hors des murs, elle eût peuplé l'Aventin, mais elle n'eût pas gouverné Rome. Si Mirabeau eut continué d'écrire librement en Hollande contre la Bastille, Deux-Brézé, eût eu chance de fermer le Jeu de Paume. Et pour prendre l'exemple le plus frappant de tous, si le Christ avait dit aussi : *ubi libertas, ibi patria*, s'il s'était isolé sur les hauteurs, s'il s'était contenté d'écrire en liberté dans quelque île de la Mer Rouge, ou de prêcher indigné dans le désert, s'il n'était pas venu affirmer l'Evangile au milieu de Jérusalem, par devant les prêtres du temple et les soldats du prétoire, au nez de Caïphe, à la barbe de Pilate, il ne serait pas mort en croix, mais aussi le monde ne serait pas chrétien.

» A coup sûr nous ne sommes Christ ni les uns ni les autres, mais sans remonter ni si haut ni si loin, et pour nous en tenir aux hommes de notre temps et de notre pays, vous savez bien qu'un prisonnier malgré prison police et armée, un homme seul, Mallet, a manqué faire une révolution contre le premier empire. Et ce qu'un homme seul a failli réussir contre l'oncle, le parti tout entier n'oserait le tenter contre le neveu ! Vous savant historien, savez bien que les amnistiés de Louis XVIII, ce glorieux Manuel en tête, ont fait une bonne part de la révolution de juillet. Vous qui avez écrit l'histoire de dix ans, vous savez bien que les amnistiés de Louis-Philippe, les réfugiés de Londres même où vous sommes, Marrast, Cavaignac, Guinard, etc…, ont fait en rentrant une bonne part de la révolution de février. Enfin, terrible et dernière preuve, vous, membre du gouvernement provisoire, vous savez trop bien, hélas ! que l'amnistié de la république, Bonaparte lui-même, est rentré pour la détruire. Si le prince était resté dignement à Londres, à protester pour son principe, s'il avait dit aussi *ubi princeps, ibi patria ;* quand l'empire rentrera, je rentrerai, certes nous n'aurions pas à rentrer nous-même pour ramener la république.

» Vous direz peut-être qu'en signant cette lettre, et la déclaration de la commune, je commets une inconséquence, j'imite ceux que je contredis et me ferme comme eux les portes de la France. J'espère bien que sa majesté ne me punira pas d'avoir poussé ses sujets à l'accomplissement de ses décrets, mais n'importe ! Moi, qui ne peux rien pour mon pays, je voudrais, au risque de ne plus le revoir, lui rendre ceux qui peuvent le revoir et le sauver. »

J.-B. BERNARD, 27 AOUT 1859

Genève, le 27 août 1859.

Citoyen rédacteur du *Bien-être social*,

Je vous prie d'insérer dans votre prochain numéro, la protestation suivante. Vous obligerez votre tout dévoué

BERNARD, JEAN-BAPTISTE,
évadé du fort Lamalgue.

Proscrits !

« L'amnistie est accordée, les portes de la France nous sont ouvertes, nous pouvons rentrer pour embrasser les débris de nos familles et de nos amis ; oui ! nous pouvons revoir la France, où nous avons aimé et servi la république et la liberté ! mais comment le faire quand la liberté et la république sont mortes assassinées, quand le sang des martyrs qui ont succombé en combattant pour elles, rougit encore les dalles des cachots, le sol des casemates et des forts, les planches des pontons, les pavés des villes ? Quand nos frères malheureux sont encore expirants dans les tortures, sous le soleil de Cayenne, et qu'ils attendront des mois encore, dans les angoisses de la fièvre jaune, la nouvelle d'une délivrance qui, pour beaucoup, arrivera trop tard ? — comment rentrer en laissant derrière nous les os blanchis de nos amis, de nos frères morts dans la transportation et l'exil ?

» Soldat de la liberté, je reste sur la brèche et je continue le combat. Quand l'empire tombera, quand la république triomphera, je rentrerai. Pourquoi rentrerai-je ? Pour revoir la France ? Elle est assassinée. — Ma mère ? Elle est morte la pauvre femme, dans l'isolement et dans la misère, en pleurant mon absence. — Mes amis ? Leurs os sont brûlés par le vent du désert, le sable ardent de l'Afrique et le soleil tropical de Cayenne. — Le foyer où j'ai été élevé ? Il est désert. — Qu'irai-je donc faire en France ? — J'irai voir le triomphe de mes proscripteurs, des hommes qui m'ont traité comme le plus vil des malfaiteurs ; les menottes et les chaînes dont les gendarmes m'ont chargé ; les prisons et les forts où j'ai été traîné, où l'empreinte de mes pas n'est pas encore effacée ; j'irai contempler les grilles, les verroux derrière lesquels j'ai été torturé ; Toulon où l'on me traitait en forçat, et Marseille où je me cachais, fugitif, en m'évadant, et où proscrit je revenais plus tard, au péril de ma vie, la nuit, comme un voleur, comme un larron, embrasser une dernière fois ma pauvre vieille mère mourante.... J'irai entendre vanter la miséricorde, la mansuétude de mes bourreaux, en attendant qu'ils me plongent dans quelque nouvel abîme de torture et d'esclavage. Non ! je ne puis accepter de pareilles faveurs ; je ne puis dans ces conditions rentrer en France. Quand j'étais prisonnier d'Etat en Afrique, où j'ai été transporté sans jugement, j'ai préféré être condamné par un conseil de guerre, en 1853, à la déportation à Cayenne, plutôt que de reconnaître le gouvernement du violateur de la Constitution de 1848, de l'homme qui a tué la république.

» Je fus conduit au fort Lamalgue, à Toulon, en attendant ma déportation à la Guyanne ; je me suis échappé au péril de ma vie. Je ne veux, aujourd'hui que je suis sur la terre étrangère, rien accepter de mes persécuteurs, qui n'ont pas plus le droit de m'amnistier qu'ils n'avaient celui de me frapper de déportation. On n'amnistie que les coupables ; or, je mets au défi mes ennemis politiques de m'accuser d'un seul délit prévu par la loi. Simple ouvrier scieur-de-long, je gagne et j'ai toujours gagné mon pain très-honorablement par mon travail ; on ne m'accusera pas de refuser l'amnistie parce que je me suis fait une position sociale à l'étranger, ou parce que je suis un ambitieux qui veut poser et avoir une place, comme le disent perfidement les grands journaux vendus au pouvoir, je refuse l'amnistie parce que je ne suis pas coupable et par conséquent je ne puis être amnistié, et qu'en l'acceptant je reconnaîtrais Louis-Napoléon Bonaparte et son gouvernement. Depuis quand le bourreau a-t-il le droit d'amnistier ses victimes et le coupable de faire grâce à l'innocent ?

» Il est un homme que ni l'histoire, ni la postérité, n'amnistieront jamais, c'est l'homme qui a foulé aux pieds ses serments et qui a égorgé la république !

BERNARD, Jean-Baptiste, (de Marseille),
évadé du fort Lamalgue.

T.-J. BRONSIN

Lettre d'un condamné politique qui repousse l'amnistie.

« Citoyen rédacteur,

» A la nouvelle de l'amnistie du 16 août, ma première pensée a été celle-ci : M. Bonaparte voudrait-il prouver qu'il est capable de ne pas achever les victimes qui tomberaient, une dernière fois, entre ses mains ; et par là, mériter de ses apologistes les titres de clément, humain et généreux ? Selon moi, les éloges qui lui sont décernés à ce sujet par le *Siècle*, la *Presse*, les *Débats,* ne font que répondre à cette intention.

» En fait, M. Bonaparte pardonne à ses victimes..... les supplices qu'il leur infligea.

» Je qualifie naturellement cette amnistie de dérisoire, plus encore que d'illusoire. J'espère qu'elle sera considérée par la majorité des proscrits comme nulle et non avenue. Pour moi je la repousse avec autant de mépris que d'énergie. Si ma vie ou celle des miens dépendait de son acceptation, je regarderais cette impérieuse nécessité comme une aggravation de peine et de malheur et je serais à mes yeux, et à ceux de tous les hommes de cœur, plus digne de pitié que de blâme. Heureusement, je ne suis pas réduit à ce cruel besoin. Quelque précaire et pénible que soit ici ma position, et quelques lucratives que puissent être les ressources que mon travail pourrait m'assurer à Paris ; — ressources dont m'a spolié depuis six ans la persécution du gouvernement despotique de Bonaparte ; — je refuse absolument de boire le calice amer de la honte, d'accepter, de profiter du bénéfice de l'amnistie.

A l'invitation que m'a fait, comme à tous les proscrits, le *Moniteur*, dont la véracité et la sincérité sont connues, — je dis de son auteur avec Victor Hugo : « Se sentant en humeur d'Auguste, il amnistie les proscrits ! L'usurpation amnistiant le droit !....

. . . .

« Il est à ce point abruti par le succès qu'il trouve cela tout simple. »

» Et la société pervertie, la société que lui et les siens ont faite à leur image, trouve cela tout simple aussi. Cette société que le despotisme a amenée au point de lui faire confondre le bien avec le mal, le juste avec l'injuste, la vérité avec l'imposture, la propriété avec le vol, l'ordre avec le désordre, la religion avec l'escobarderie, la famille, le patriotisme avec la prostitution, avec tout ce que repousse la dignité humaine, avec toutes les misères physiques, morales, intellectuelles. — Et c'est cette même société, cupide, égoïste, corrompue, crétinisée, jésuitisée, sans cœur, sans entrailles, sans âme, c'est cette société qui parle sans cesse de liberté, d'humanité, de civilisation !... C'est cette société qui soutient M. Bonaparte, qui la soutient à son tour ; qui pratique le principe barbare de *væ victis*, malheur aux vaincus ; cette société qui divinise le succès et embrasse son culte, sur quelqu'autel criminel qu'il puisse s'élever ; — c'est elle qui applaudit à cette amnistie... Quelle garantie pour nous !...

» Cette amnistie que M. Bonaparte croit pouvoir offrir aux proscrits, il ne pourrait la trouver pour lui-même. Elle appelle l'oubli, mais sans succès.

» Non ; alors même que notre mémoire nous ferait défaut, l'histoire impitoyable est là qui a enregistré le 2 décembre et qui montre encore chaque jour ses conséquences horribles pour l'humanité, la société et la liberté. Tel arbre, tel fruit ; — le mal engendre le mal ; le sang appelle le sang. Après les massacres sur les boulevards des citoyens défenseurs du droit, de la loi, de la liberté, de la république française ; après les razzias générales et nocturnes ; après les massacres des prisonniers à la préfecture et dans les forts de Paris ; après la proscription en masse, les déportations sans jugement, les détentions par milliers des meilleurs citoyens, à Belle-Isle, à Lambessa, à Cayenne ; après la dilapidation des deniers publics ; — après tous ces désastres sont venues les guerres de Crimée et d'Italie, où le sang et l'or de la France esclave satisfirent l'ambition de son maître, et assurèrent à ce despote la prépondérance dans les conseils des petits et grands despotes ses confrères ; il fallait consolider sa position, affermir son trône sitôt qu'il paraissait ébranlé. Ce sont là les motifs des guerres sanglantes, véritables fléaux, qui viennent de peser sur la France, de décimer sa population, de ruiner son trésor, son commerce, son industrie, ses travailleurs, sans autre compensation que ce que l'on nomme faussement la gloire ; cette gloire, dont les chauvins, les imbéciles, les fourbes, les ignorants et les prétoriens seuls sont avides.

« Mais quelle gloire pourra jamais relever cette armée qui pour de la piquette, des saucissons et de l'argent, consentit à opprimer sa patrie ! — Quant à la France, qu'elle ne dispute pas cette gloire à M. Bonaparte, cette gloire est à lui, c'est sa proie ; c'est pour lui seul qu'il la recherche, que lui seul en profite. Toute gloire arrachée au prix des trésors et du sang français, ramassée dans le sang des esclaves ou des hommes libres de tous les pays, pour consolider le despotisme, le despotisme le plus fort de l'Europe, c'est à M. Bonaparte qu'elle appartient ; lui seul peut en bénéficier ; elle est étrangère à la France qui doit la répudier. Le caractère français a pour essence l'amour de la liberté, de l'humanité, de la civilisation ; la mission de la France est d'aider le monde à faire triompher ces choses saintes, sans cette mission elle n'a pas de raison d'être. La vraie, la seule gloire possible pour elle est de reconquérir, n'importe à quel prix, la liberté qu'elle s'est laissé ravir et de la rendre aux nations qui la perdirent avec elle. Manquer à ce devoir sacré serait mentir à son passé, rompre à jamais avec lui, renier son génie, ses grands écrivains du xviiiᵉ siècle, renier son histoire, sa réforme du xviᵉ siècle, ses révolutions glorieuses de 1789, 1793, 1830 et 1848. — Cela est aussi impossible que de s'immoler de ses propres mains au profit d'un seul homme, de Bonaparte, elle ne peut anéantir elle-même à jamais ses propres aspirations, si généreuses, si élevées, son esprit d'initiative et d'initiation à la vie libre pour les peuples.

« M. Bonaparte, qui s'est approprié le pouvoir de parler et agir pour trente-six millions de Français en leur lieu et place, à sa fantaisie, n'agit jamais que dans un but d'intérêt personnel. C'est à ce sentiment que l'on doit l'amnistie.

« C'est afin de retenir (chose impossible !) une popularité qui lui échappe chaque jour davantage qu'il fit ce décret ; et nullement par une idée de justice et de réparation, par considération pour des hommes méritants et innocents envers qui il devrait se reconnaître coupable. Or, pour mon compte, je ne veux pas servir d'instrument à ses vues personnelles, égoïstes, n'étant ni soldat, ni général, ni prêtre, ni magistrat, ni fonctionnaire quelconque.

» On sait que M. Bonaparte aime ce qui le pose, on sait qu'il aime la parade, le clinquant, la gloriole, le trompe-l'œil, la forme plus que le fond, tout ce qui est sans rives, tout ce qui est abîme. C'est pourquoi son amnistie ne s'attache qu'aux personnes, tandis que les choses qui en devraient être la base essentielle sont dédaignées, ce qui rend la jouissance de cette amnistie illusoire, — ou plutôt pleine de dangers. Le malheureux proscrit ou condamné politique qui l'acccepterait, accepterait en même temps, tel qu'il est, le despotisme qui règne sur sa patrie en échange de la liberté relative dont il jouit dans le pays étranger qui lui a accordé l'hospitalité. Il y aurait donc pour lui aggravation de peine morale, sinon matérielle dans ce changement de position. Voilà pour le présent. Et quelle garantie a-t-il pour l'avenir? Les lois répressives de toutes les libertés possibles, les lois atroces, dites de sûreté, existant toujours, les amnistiés n'ont d'autre perspective que de se les voir appliquer plus rigoureusement que jamais, à la première occasion, ou lorsque cela plaira à M. Bonaparte; car la loi fondamentale est celle de son bon plaisir; l'Etat c'est lui, lui seul !

Avant d'amnistier des hommes innocents, ou coupables d'avoir défendu le droit, la loi, et la liberté basée sur ce droit, pourquoi continuer à proscrire, pour les tuer; pourquoi ne pas amistier ces choses sacrées, le droit, la loi commune égalitaire, juste enfin; et cette liberté qui en 1848 rendit à M. Bonaparte une patrie. Ce serait là une véritable gloire, que Bonaparte méconnaît.

L'amnistie est une œuvre mort-née: elle n'a et ne peut avoir aucune conséquence favorable. Elle ne répare aucun des maux terribles que l'influence du coup d'Etat causa jusque dans les pays étrangers, tels que : la proscription dans la proscription, les lois immorales d'exception, la loi Faider-Tesch de Belgique, votée par la réaction couarde des hommes d'Etat de ce pays.

En effet, le citoyen Coulon subit encore, si je compte bien, la peine de dix-huit mois de prison que cette loi lui a appliquée pour offense envers M. Bonaparte; l'amnistie ne lui profite pas.

Cette amnistie n'est et ne peut être qu'un piége destiné à faciliter à Bonaparte des nouvelles razzias de citoyens, à exécuter une nouvelle Saint-Barthélemy de républicains. S'il n'est pas vrai que la parole ait été donnée à l'homme pour déguiser sa pensée, il est vrai du moins que le *Moniteur* a été donné à la France pour travestir la pensée de Bonaparte. Quand on se rappelle le sort qui fut réservé au serment qu'il prêta devant Dieu et devant les hommes, comment serait-on assez dupe pour croire à la bonne foi, à la sincérité du *Moniteur* et de cette amnistie?

Oui, l'amnistie et la liberté qu'elle a l'hypocrite prétention de donner aux proscrits sont fausses, illusoires, trompeuses, comme la paix de Villafranca, à laquelle elles font suite et pendant; fausses comme l'empire qui s'est proclamé la paix et qui n'est rien moins que cela, ce qui rend cette proclamation synonyme de l'empire, c'est le mensonge. L'empire c'est le jeu du hasard et de la guerre ; car il est voué à la guerre jusqu'à son extinction. L'amnistie est fausse comme les motifs donnés pour faire la guerre en Italie. Elle sera efficace, comme cette même guerre qui laisse l'Italie en proie à l'Autriche et sous la menace d'une guerre imminente, plus terrible que la première, mais alors révolutionnaire. Aussi Bonaparte a-t-il laissé 50,000 hommes pour surveiller, comprimer, écraser l'Italie à la moindre velléité révolutionnaire de sa part. De même encore il aura soin, en France, de préposer à la garde des proscrits, pareille armée de 50,000 mouchards.

C'est la peur de la révolution qui fit trahir l'Italie par Bonaparte, il l'a avoué exceptionnellement, lui qui tant de fois a chanté par dessus les toits sa prétendue victoire sur la révolution qu'il avait, à l'en croire, écrasée, anéantie !

Il a eu peur de la révolution en Italie et il rappelle en France les révolutionnaires, les proscrits, les démagogues, ces hommes incorrigibles, ces buveurs de sang, ces mangeurs d'enfants ! Est-ce assez contradictoire ? mais tout est contradictoire là où ne parle jamais la vérité.

Après avoir envisagé le décret, dit d'amnistie, sous le rapport de sa valeur intrinsèque, de sa sincérité, de ces conséquences certaines, et l'avoir repoussé jusque dans ses fondements de sable, examinons le motif ou le prétexte qui l'a décidé : c'est parce que Bonaparte est ou se sent assez fort ; voilà ce qu'affirment les hommes politiques qui se croient fort aussi, et M. Proudhon est du nombre, lui qui cependant, n'aime ni la foule, ni les sentiers battus. Après sa victoire de Solferino, l'empereur, comme ils affectent de le nommer, tous, à l'exception du duc de Modène qui l'appelle brigand, a voulu prouver qu'il ne craint plus rien de ses ennemis ni intérieurs ni extérieurs. Eh bien ! n'en déplaise à M. Proudhon, de contester l'exactitude de son affirmation à cet egard, par les raisons suivantes :

Je dirai d'abord : encore une victoire comme celle de Solferino qui, à elle seule, a coûté peut-être 50,000 hommes à la France, et qu'il nomme sa victoire. Bonaparte, ce qui est une usurpation de plus, car on sait que cette fameuse victoire n'a été remportée ni par Bonaparte, homme de paille ou de parade, comme général ; ni par Canrobert ni par Niel qui se sont disputés à ce sujet ; c'est le général-soldat, seul, qui l'a remportée, c'est connu ; encore une victoire comme celle-là, dis-je, et Bonaparte était perdu ; aussi l'a-t-il senti ; c'est ce que lui a fait offrir la paix à l'Autriche en se décidant à violer une fois de plus son serment de : « l'Italie libre jusqu'à l'Adriatique. » — C'est certes pour racheter le mauvais effet de cette paix, honteuse, provoquée par la peur ressentie par ce chevalier Bayard à l'envers, qu'il a bien voulu accorder cette chose dite amnistie, en vue, du reste, de se populariser ; et voilà sa force ! force factice et menteuse comme tout ce qui constitue l'empire de Bonaparte. C'est un Hercule, soit ; mais par ses tours de force, depuis le 2 décembre jusqu'à la guerre contradictoire d'Italie, commencée à Rome contre la liberté et la république, et arrêtée à Solferino, pour la liberté et la royauté sarde, cet hercule a gagné une hernie mortelle qui le mettrait à la merci d'un nain, n'était le bandage compressif d'un despotisme effréné dont il a soin de ne jamais se départir.

Cette prétendue force révèle sa faiblesse. Oui, c'est par faiblesse et non par force qu'il a décrété l'amnistie. Certes, il veut amadouer les proscrits, faire patte de velours, en attendant qu'il leur lance les coups de griffes de ses lois de sûreté ; faiblesse ! — Si la réaction française ou européenne l'accuse de vouloir pactiser avec les révolutionnaires, après avoir promis d'anéantir à jamais la révolution, il s'en défendra avec un superbe dédain, et, parodiant Lamartine il dira « qu'il conspire avec les révolutionnaires, comme » le paratonnerre conspire avec la foudre.

Il n'en est pas moins vrai qu'il a peur de la foudre révolutionnaire ; c'est un fait acquis. Et pourtant la force n'a peur de rien ; donc il manque de force ; la faiblesse le gagne et s'en empare. — Il a trahi l'Italie à cause de la révolution qui le menaçait et lui faisait peur ; aujourd'hui il fait des avances à la révolution en amnistiant les révolutionnaires. La fausse position qu'il a prise en trahissant d'abord la république romaine, puis la république française, ne lui laisse d'autre voie à suivre que celle d'une trahison perpétuelle. Il trahit tantôt la réaction, en reniant ses promesses faites aux princes autrichiens, à Villafranca, et tantôt la révolution en soutenant, quand même, le pape et son despotisme, et en tendant des piéges aux proscrits. Que voulez-vous ? Il joue sérieusement son rôle de traître du mélodrame politique et social. Qui a bu boira ; qui a trahi trahira ; et qui se sert de la trahison, périt par la trahison. C'est le sort qui lui est réservé. Il n'y a pas de milieu bonapartiste qui tienne, il faut qu'il soit culbuté de cette position mixte, d'eunuque, d'hermaphrodite qu'il a prise contre l'enclume de l'absolutisme et le marteau de la révolution. Le bonapartisme, en dépit des idées napoléoniennes que son inventeur, despote et ambitieux, a dit être immortelles, n'est rien autre chose qu'un état transitoire, sans principe, sans vitalité, et qui doit nécessairement disparaître avec les circonstances iniques qui l'ont amené. Son règne est celui des éphémères qui ne vivent que dans la nuit du despotisme et par la lutte aveugle qui les tue, combattant la lumière qu'elles voudraient en vain usurper et contre laquelle elles viennent se briser. C'est ainsi que s'anéantira le bonapartisme, à la lueur, à la lumière du jour de la révolution, de la liberté, de la vérité, de la justice dont on peut déjà apercevoir l'aube.

En attendant, Bonaparte se croit ou veut faire croire qu'il est fort quand même, et que ses ennemis, intérieurs surtout, sont faibles : qu'il peut impunément les braver. Eh ! mon Dieu ! Ces ennemis n'ont pas, comme lui des prétentions à la force personnelle, à la force matérielle et brutale des bayonnettes qui, seules, le soutiennent ; tandis que ses adversaires n'ont d'autre force que celle de leur bon droit, des principes qu'ils représentent, principes de liberté, d'égalité et de fraternité, principes immuables, inaliénables, éternels, antérieurs et supérieurs à toute force matérielle, à tout pouvoir arbitraire, car quelque formidable qu'il fut, il viendrait se briser contre l'exercice de ces principes.

En effet, je mets M. Bonaparte au défi d'oser, dans sa force, proclamer la moindre des libertés, celle par exemple, de la liberté de la presse. Ce gant que je lui jette, je le défie d'oser le ramasser, et voilà sa force ! C'est qu'il sait bien que la liberté le tuerait, ne fût-ce qu'avec l'arme meurtrière de son passé, du 2 décembre. Je le défie de résister aux coups que la vérité lui porterait en plein jour de liberté, à lui l'homme fort qui se dit l'élu de huit millions de suffrages.

Patience et espoir, ô proscrits, mes frères, n'acceptez pas, pour argent comptant, la fausse monnaie de l'empire. Vous ne profiteriez de l'amnistie, du reste, que pour voir le spectacle cruel de votre mère, la patrie, dans les fers du despotisme. Et qu'est-ce que la patrie sans la liberté? Le nom de patrie, être collectif, est comme le nom individuel d'homme qui n'est mérité qu'autant que son sujet est libre dans ses aspirations, dans ses sentiments élevés; dans son cœur, dans son esprit et son intelligence. Un gredin ou un crétin n'est pas plus un homme qu'un esclave qui perd tout, même le désir de s'affranchir, comme dit J.-J. Rousseau. Il en est de même de la patrie; elle n'est plus digne de ce nom, ni désirable pour l'homme libre, dès qu'elle se complaît dans l'esclavage. Mais bientôt, j'espère, la France sera digne d'un homme de cœur, et nous la reverrons libre, fière et heureuse.

T.-J. BRONSIN,

Condamné à mort comme coutumace par arrêt de la
Cour d'assises de la Seine du 16 mars 1856, pour
complicité dans le complot de l'Hyppodrôme et de
l'Opéra-Comique de juin 1853.

COEURDEROY, 28 AOUT 1859

Monsieur le rédacteur,

Veuillez me rendre le service d'insérer les lignes suivantes qu'une très-grave maladie de mon père, heureusement en voie d'amélioration, ne m'a point permis de publier plus tôt.

« Je déclare n'avoir jamais accepté l'amnistie qui me frappe. Les motifs de ma résolution sont de ceux que tout homme de cœur comprendra, et qu'il serait trop long d'exposer dans un journal. Je me réserve, au surplus, de les faire connaître quand le temps m'en semblera plus opportun et dans la forme que je jugerai la meilleure.

» Agréez, M. le rédacteur, l'assurance de ma considération distinguée.

» 28 août 1859.   » ERNEST CŒURDEROY. »

ÇLÉMENT THOMAS, LE 9 SEPTEMBRE 1859

« A M. le rédacteur du *National*.

» Monsieur,

» Serait-ce trop réclamer de votre obligeance, dans le but de mettre fin aux questions qui me sont adressées de divers côtés, que de vouloir bien vous prier de reproduire dans votre journal les lignes suivantes ?

» J'ai une foi trop vive en mon pays pour ne pas préférer l'exil au spec-
» tacle de sa dégradation. A ceux qui me demandent si je rentrerai en
» France par une porte rouverte par l'homme du deux Décembre, je ré-
» ponds : jamais !
» Moestroff, le 9 septembre 1859.

» Clément THOMAS. »

LEDRU-ROLLIN, 14 SEPTEMBRE 1859

« A M. le rédacteur du *National*.

» Monsieur,

» Je prends la liberté de vous adresser la déclaration incluse, osant es-pérer qu'elle pourra figurer dans vos colonnes.

» Si la question de droit qu'elle soulève ne vous paraît pas sans impor-tance, je serai heureux que vous voulussiez bien en entretenir vos lecteurs.

» Vous avez été, du reste, si obligeant pour nous, proscrits, en toute cir-constance, que je saisis cette nouvelle occasion, pour vous dire au nom de mes amis et au mien tous nos remerciements.

» Agréez, je vous prie, monsieur, l'expression de mes sentiments les plus distingués.

LEDRU-ROLLIN.

» A la nouvelle de l'amnistie, ma pensée s'est reportée d'abord vers les climats meurtriers de la Guyane et de l'Afrique, qui ne garderont que trop de tombeaux, et je me suis écrié : Enfin !

» Ensuite je me suis dit qu'il y a pour un parti quelque chose de moins stérile que l'indignation et le dédain : c'est l'action.

» Or, pourquoi nous interdire à nous-mêmes cette action où elle devien-

2

drait possible ? Bannis *sans droit,* rappelés *sans droit,* par le seul jeu de la force, chacun de vous, avait selon moi, à se poser cette question : agirai-je plus utilement, servirai-je mieux la cause, si au lieu de protester, je profite *du fait,* je me réserve d'en user à mon jour, à mon heure suivant les nécessités de la fortune ?

» C'était à mes yeux la conduite la plus pratique, partant la plus politique, voilà pourquoi je n'ai pas protesté, pourquoi j'ai conseillé de ne le pas faire, à ceux de mes amis qui, des différents centres de proscription, m'ont fait l'honneur de me consulter,

» Aussi bien en ce qui me concerne, ai-je été, paraît-il, heureusement inspiré. Il se rencontre que toute protestation de ma part eut été, non seulement inopportune, mais ridicule, puisque les portes de la France, rouvertes pour tous, ne le sont point pour moi, le gouvernement déclarant que l'amnistie ne *m'est pas applicable;* je ne serais qu'un meurtrier vulgaire. O hypocrites !

» Si le subterfuge est trop grossier pour faire illusion, du moins révèle-t-il encore une des faces odieuses de ce procès par contumace suivi contre moi il y a deux ans, et dont tant de gens n'avaient pas compris l'intérêt. Pourquoi, se disait-on, le condamner deux fois à la même peine ? Ce que l'on voulait, ce n'était pas me condamner davantage, mais à un autre titre, afin de m'arracher d'abord, et s'il était possible, le droit de refuge, afin de m'exclure et en tous cas de toute amnistie générale.

» Je ne reviendrai pas sur cette énormité judiciaire, jugée elle-même par l'opinion ; que servirait de rappeler, à la honte de la magistrature française, qu'un homme que je n'ai jamais vu, dont j'ignorais le nom, qui lui-même, n'a jamais pu nettement articuler le mien, ayant dit qu'il croyait m'avoir aperçu dans un certain lieu, d'où je serais sorti sans avoir proféré une parole ; c'en fut assez cependant pour qu'on me frappât comme son complice. Il est vrai que pour un tel service bientôt après il fut grâcié, je le répète : inutile d'insister sur cette grotesque et misérable comédie à laquelle personne n'a jamais cru, pas même le cabinet anglais de l'époque, qui était certes disposé à me livrer, nous étions encore au beau temps des concessions et de l'alliance. Et pourtant il a depuis déclaré, par la bouche de lord Clarendon, que l'allégation portée contre moi était si futile que l'extradition avait dû être refusée. — Voilà le fond.

» En la forme, j'ai été poursuivi pour complot ayant pour but un attentat contre le chef de l'état. Eh bien, en droit français, qui dit complot dit nécessairement crime politique, qui dit attentat dit encore crime politique, deux mots spécialement créés dans le langage légal pour mieux exprimer un crime exceptionnel et d'ordre public.

» Ce n'est même que par la plus forcée, la plus impudente, la plus éhontée de toutes les fictions politiques, qu'un tel attentat peut être élevé dans l'échelle des peines à la hauteur du parricide.

» L'homme du deux Décembre, le père de ses sujets !

» Ah ! ce n'est pas la nature, mais la politique seule qui peut se prêter à de si monstrueuses assimilations.

» Ajoutez enfin que la déportation qui m'a été appliquée est une peine *uniquement* politique.

» Donc accusation et châtiment caractérisent le crime. Ce crime , supposant qu'il ait jamais existé, n'a été et n'a pu être qu'un crime politique.

» Je défie tout juriste français de nier la rigueur de cette conclusion, fût-ce un de ceux qui, par leur bassesse, ont le plus déshonoré ce beau titre : les Dupin , les Barrot, les Troplong.

» Maintenant que la fourberie est démasquée, en réalité que reste-t-il ? Deux ennemis politiques dont l'un croit utile de frapper l'autre d'ostracisme.

» C'est bien ; mais cette haine qui s'acharne si visiblement à un homme n'est-elle pas quelque peu emportée et malhabile?

» Quand on se dit inébranlablement affermi, quand on a l'audace de creuser dans le granit et le porphyre la longue file des mausolées de sa race, quand on prétend surtout à faire trembler l'Europe , est-il adroit de paraître trembler soi-même au bruit d'un nom; c'est ce que l'opinion décidera.

» Pour moi, sauf l'impuissance où il me place de servir plus activement la cause de la liberté, je n'ai point à me plaindre de ce nouveau coup ; on m'applique la politique que j'avais appliquée , à cette différence près que je l'ai fait ouvertement, franchement, sans organiser le mensonge, sans recourir à la plus perfide des machinations.

» Ministre de l'intérieur, j'ai ordonné qu'on se saisit de la personne de M. Bonaparte, encore placé hors la loi.

» Membre du gouvernement provisoire, j'ai voté contre le rappel des lois de bannissement de cette famille.

» Membre de la commission exécutive , j'ai été chargé de soutenir à la tribune le maintien de ces mêmes lois.

» Et je l'ai fait avec ardeur, parce que je sentais qu'il fallait prémunir les masses contre leur propre entraînement, parce que je prévoyais que le peuple, à peine émancipé, serait bientôt, sous le charme de la légende, replongé dans les servitudes du premier empire. L'histoire dira si je me suis trompé.

» Ce que je puis affirmer dès aujourd'hui , pour en avoir les preuves éclatantes , c'est que M. Bonaparte, éloigné de la France , mort à l'espoir d'y rentrer jamais , n'eut eu ni la tentation ni le loisir de préparer , d'accord avec la réaction, ces sanglantes et funestes journées de juin 1848, où s'est engloutie la république.

» Si pour le mal, si pour la tyrannie, sa force a été d'agir lentement, patiemment, mais d'agir sans cesse, pourquoi nous ravir à nous-même les moyen d'agir, nous qui avons en vue le triomphe de la liberté. N'oublions pas que chaque républicain qui rentre, sans s'être abaissé, est en dépit de tout un foyer qui rayonne, un soldat prêt pour l'évènement.

» Londres, le 14 septembre 1859.

» LEDRU-ROLLIN. »

LOUIS BLANC A FÉLIX PYAT

(Réponse sur l'amnistie, publiée par le National belge, du 15 septembre 1859.)

« Mon cher ami,

» Votre lettre m'a étonné ; mais enfin, n'importe ! Vous m'avez jugé capable d'entendre sans amertume un langage austère : j'ose dire que vous m'avez bien jugé ; votre blâme m'est un témoignage d'estime, et je vous en remercie.

» Une seule chose m'afflige, c'est de le voir tomber, en vertu d'une logique inévitable, sur presque tous les hommes qui, aux yeux de l'Europe démocratique, sont l'honneur et la force de notre parti. Je ne puis m'empêcher de trouver bien durs les mots « d'exil honoraire, » « exil d'amateur, » appliqués à la vie douloureuse et fière qu'embrassent, par fidélité à leurs principes, tant de bons républicains. Si ce que « j'ose à tout prix, c'est de rester à Londres, » ce que Barbès sut oser à tout prix, lorsque, par violence, on l'arracha de sa prison, ce fut de se retirer à La Haye ; Schœlcher ose rester à Twickenham, Martin Bernard en Angleterre, Victor Hugo à Guernesey, Edgar Quinet en Belgique ; Charras, Flocon et Marc Dufraisse osent rester en Suisse. Personne ne croira que ce soit faute d'audace pour le bien !

» Et puis, il me semble que notre parti n'a rien à gagner à ce que Louis Bonaparte se puisse artificieusement appuyer de l'autorité d'un de nous, de la vôtre, pour ôter au refus d'accepter son amnistie ce qu'un tel refus a de solennel. Il est fâcheux que vous ayez fourni à nos ennemis l'occasion de prétendre, votre lettre à la main, que la dignité d'hommes de la trempe de Barbès, Martin Bernard, Schœlcher, Charras, Flocon, Edgard Quinet, Marc Dufraisse, Victor Hugo, est une dignité mal entendue, une désobéissance aux ordres de la patrie, qui, par l'organe de Louis Bonaparte, les rappelle ! Quelqu'honorables qu'aient été très-certainement vos intentions, votre lettre, je le crains, a chance de compter au nombre de ces coups de fortune dont s'est composée la carrière d'un aventurier trop heureux ! Qui lui aurait jamais dit que ce serait vous qui « pousseriez à l'accomplissement de ses décrets, » et que son vif désir de nous tenir tous en son pouvoir vous aurait, bien contre votre gré, pour avocat?

» D'autre part, votre opinion étant que nous devons rentrer en France, je ne saurais vous reprocher de l'avoir déclarée publiquement. Dire ce qu'on pense à ses ennemis, à ses amis, à ses amis surtout, c'est vertu de républicain. Grâce au ciel, nous n'avons rien à cacher, nous; même lorsqu'il nous arrive d'être dans l'erreur, la sincérité de nos pensées leur prête la force de supporter le grand jour, et c'est notre supériorité sur ceux qui s'intitulent les maîtres de la terre que nous n'avons nul besoin de faire pacte avec la nuit.

» Je vous répondrai donc comme il convient entre nous : amicalement, mais franchement.

» Et d'abord, comment se fait-il, mon cher Félix Pyat, que votre lettre soit datée de Londres? Elle devrait être datée de Paris. Puisque notre devoir, selon vous, est de profiter de l'amnistie, pourquoi n'en profitez-vous pas? Puisque vous pensez que nous serions plus utile au dedans qu'au dehors, pourquoi cette protestation véhémente au bas de laquelle je lis votre signature, et qui, bien certainement, vous ferme les chemins de la France?

» Vous me reprochez de faire ce que vous faites vous-même, et non pas en votre nom seul — comme moi — mais au nom de plusieurs, dont vous rendez le sentiment! Serait-ce donc que votre exemple aurait ôté quelque chose à l'autorité de vos conseils? Je cherche le secret de cette contradiction étrange, mais en vain. Vous prévoyez, il est vrai, l'objection à la fin de votre lettre; y répondez-vous? Nullement. « Moi qui ne peux rien pour » mon pays, » dites-vous, « je voudrais, au risque de ne plus le revoir, lui » rendre ceux qui peuvent le servir et le sauver. »

» Ainsi, de la même plume qui me gourmande du peu d'importance que j'attache aux services qu'il me serait donné de rendre en France, vous, mon cher Pyat, dont le zèle a toujours été si infatigable, l'éloquence si incisive, vous dont la plume acérée entre plus avant que la baïonnette du zouave dans les chairs de l'ennemi, vous êtes resté en nous criant que le devoir était de partir; et cela, parce que vous ne pouvez rien pour votre pays, absolument rien ! Tenez, votre modestie vous abuse. Vous avez à la fois et trop bonne opinion de vos amis et trop mauvaise opinion de vous-même. Il n'est pas ici un mot tombé de votre plume qui ne soit à votre adresse. Si je regrette de n'être pas du même avis que le Félix Pyat de la lettre, je me console en songeant que j'ai pour auxiliaire contre lui le Félix Pyat de la protestation; et, en vous réfutant, la cause que je vais plaider est, prenez-y garde !... la vôtre.

» C'est Victor Hugo, je crois, qui a dit, en montrant une épée, puis une plume : *ceci tuera cela.* Eh bien, que ceux-là rentrent en France qui n'ont pas à leur disposition ce qui doit un jour tuer l'épée; que ceux-là rentrent, dont il faut, hélas ! que l'existence tout entière, à l'étranger, s'absorbe dans la douloureuse recherche des moyens de pourvoir à l'existence; que ceux-là rentrent, qui sont enterrés vivants dans les prisons ou martyrisés à Cayenne, qui oserait les en blâmer? Et sur quoi se fonder, pour leur disputer la douceur d'embrasser leurs mères ou leurs sœurs, de presser des mains amies, de sortir du tombeau?

» Mais à ceux qui sont en position de manier, pour le service de leurs pays, l'arme puissante de la liberté, à ceux-là il est bien permis, j'espère, d'être où il peuvent la saisir!

» Que me parlez-vous de répugnance à respirer un air que la tyrannie a infecté? Ah! il s'agit de bien autre chose, vraiment! Il s'agit de continuer à combattre, et jusqu'à la mort, pour la France, en son nom; il s'agit de garder, fût-ce au bout de la terre, le dépôt de son honneur; il s'agit, même au moment où elle semble morte, d'attacher son apostille à la défense infatigable des droits de l'esprit humain; il s'agit de vivre réellement en elle. Car la France n'est pas seulement une certaine étendue de terrain, traversée par de certaines rivières et bordée par de certaines montagnes; la France est là où ses traditions héroïques surnagent, où ses véritables instincts rayonnent, et où l'on entend les battements de son cœur. Il est possible que, comme le disait ce Danton que vous invoquez, « *l'on n'emporte pas sa patrie à la semelle de ses souliers;* » mais ce que je sais bien, ce que je sens, et ce que vous sentez, Félix Pyat, c'est que cette patrie, qui est plus qu'un peu de poussière, on l'emporte au fond de l'âme!

» Et c'est la servir, conformément à la nature de son génie cosmopolite, que proclamer, développer, en quelque lieu que ce puisse être, les grands principes apportés dans le monde par la révolution française. Cette révolution immortelle, qu'écrivit-elle sur son étendard? « Déclaration des droits du Français? » Non pas; mais : « Déclaration des droits de l'homme! » Donc, celui qui défend les droits de l'homme, partout où il lui est permis de les défendre librement et hautement, celui-là rend hommage à la glorieuse originalité du génie de la France, exécute ses ordres, et travaille à l'accomplissement de sa mission.

» La patrie! ah c'est parce que nous l'aimons du fond des entrailles que, bien décidés à la servir en toute liberté et comme elle mérite d'être servie, la tête haute, nous sacrifions à cette volonté l'ineffable douceur de vivre dans son sein, au milieu de tous ceux qui leur sont chers. Ainsi que Hetzel le disait dernièrement dans une lettre touchante, l'exil n'a de joies pour personne. Si nous pouvions mettre notre cœur à nu de manière à en faire compter à tous les blessures, on saurait qu'il faut quelque courage pour accepter l'exil, et que, pour servir la patrie loin d'elle, quand toutes les portes sont ouvertes, il faut oser l'aimer à tout prix.

» Et toutefois, je l'ai écrit déjà et je le répète, il nous siérait mal pour cela de nous poser en martyrs; non que le martyre soit ridicule quand il est inutile, comme vous semblez le croire, le martyre est toujours sacré, mais parce que les souffrances de l'exil n'ont rien de comparables à celles de nos camarades sur qui a pesé le régime meurtrier de la déportation et des cachots. Ceux-là sont les martyrs. Que la vie leur soit douce! Ils ont payé largement leur dette au peuple et à la vérité.

» Maintenant, qui vous a dit, où avez-vous lu que nous voulions nous condamner à l'impuissance, nous dénationaliser, attendre l'heure de la victoire sans prendre part au combat? On se condamne à l'impuissance là où il faut accepter des fers, non là où on retient le moyen d'agir ; ce n'est point se dénationaliser que de se ménager la ressource d'être utile à son pays, que rester en mesure de profiter de toute occasion favorable qui se présenterait de l'affranchir. Et quant au combat, il n'y a rien, hélas ! aujourd'hui en France qui y ressemble. Quant au combat, soyez tranquille ! l'aiguillon de vos conseils sera de trop. Nous irons alors, mais autrement qu'avec des menottes aux mains et un boulet au pied !

» Voyons, que voulez-vous? qu'il n'y ait plus un seul d'entre nous que Louis Bonaparte ne se puisse vanter devant l'Europe d'avoir pour sujet? que nous allions tous, non pas comme individu, mais comme parti, aider l'empire à couvrir la honte du traité de Villafranca? que nous figurions dans l'histoire entre les Autrichiens vaincus et les Italiens trahis dans le souvenir des pompes triomphales du 15 août? Voulez-vous, quand la liberté est exilée de France, qu'elle ne trouve plus en Europe un seul Français pour saluer son malheur, se ranger à sa suite et obéir à ses commandements? Voulez-vous que, si les horreurs de Cayenne venaient à se renouveler, que les victimes n'aient plus aucun d'entre nous pour les aider à soulever la pierre du sépulcre et pour porter leur cri d'angoisse à l'oreille des vivants? Voulez-vous que l'empire même n'ait pas à prendre soin de ces ballots de pamphlets que, suivant vos propres paroles, on vous accuse à tort ou à raison d'avoir fait passer en France? Certes, si un homme a honorablement perdu le droit de nier qu'on puisse de loin pousser la guerre à l'empire, cet homme, mon cher Pyat, c'est vous. Votre plume, ce me semble, n'est pas restée inactive, et je vous assure que sous l'œil des espions, à deux pas du geôlier, vous auriez eu quelque peine à publier des protestations semblables à celles que j'ai sous les yeux.

» Etrange erreur que celle qui sert de base à toute votre logique ! Sans vous inquiéter autrement des faits, vous supposez qu'une fois en France il nous serait loisible d'attaquer l'empire à notre guise, tout à notre aise. Mais vous n'avez donc pas la moindre idée de l'état des choses. Nous voici à Paris, très-bien; que nous conseillez-vous de faire? De publier des livres? De lancer des journaux? D'appeler nos amis à s'entendre avec nous sur nos moyens d'action? D'aller criant : Vive la République! mais il n'est pas de voix qui ne soit étouffée avant d'avoir retenti ; pas de pavé qui ne porte un agent de police ; pas de mur qui ne dénonce; pas d'imprimeur qui ne tremble, et pas de presse qui ne se refuse à l'impression d'une parole libre.

» Vous-même, après avoir déclaré que « la matière ne manquera jamais à l'esprit, » vous reconnaissez — contradiction bien singulière ! — que la France « lit peu et ne lit jamais qu'avec permission de l'autorité. » Cela étant, faudra-t-il que nous demandions à l'autorité la permission d'écrire à Louis Bonaparte, conformément à la fière formule que vous nous donnez

« Nous voici ; c'est à vous de sortir ? » Du moins , si on cas d'élection par
le peuple , la tribune était là ! Mais non : les délibérations à huis-clos , tel
est le complément d'un régime né des ténèbres et auquel il faut des ténèbres. En êtes-vous donc à apprendre que, dans cette chambre de muets,
comme vous l'appelez si bien , on ne parle ni comme on veut ni quand on
veut , et qu'on ne parle qu'à une condition , c'est que la France n'entendra
rien ?

« Dans mon appel aux électeurs que vous me citez en me l'opposant —
mal à propos, ainsi que je le montrerai tout à l'heure — je disais : « Que
feront les candidats élus ? Iront-ils prendre rang parmi les législateurs eu-
nuques, dans l'anti-chambre officielle de l'empire ? Impossible. » Ce que
je pensais alors, je le pense aujourd'hui. L'interdit absolu jeté sur la publicité des débats fait de l'existence du corps législatif une ignoble parodie
de représentation où l'on se flatterait bien en vain de jouer un rôle utile.
C'est ce qu'avaient espéré deux hommes de courage et de talent, Jules
Favre et Emile Olivier. Qu'ont-ils pu faire ? Deux ou trois fois ils ont, avec
une fermeté très-prudente , harangué, quoi ? quatre murs ; et le peu qu'il
leur a été permis d'oser, par la grâce de M. de Morny, on ne l'a su qu'au
moyen des journaux... anglais ! En d'autres termes, leur pensée, pour
n'être pas tout à fait perdue, a été forcée de passer le détroit et de courir
après la liberté de l'exil, leurs personnes restant en ôtage ! C'était bien la
peine de prêter serment !

» Vous rappelez le souvenir de Carrel défiant la force, au nom de la loi ;
posant son épée sur la table et écrivant : « C'est peu que le cri d'un
» homme tué furtivement au coin d'une rue. Mais c'est beaucoup que le
» cri d'un homme d'honneur qui serait assassiné chez lui par des sbires
» du roi, en résistant au nom du droit ; son sang crierait vengeance. »

» Noble exemple, en effet, qu'on serait trop heureux de pouvoir suivre !
Mais vous oubliez une chose : c'est que, dans ce temps-là, une déclaration
comme celle de Carrel , non-seulement pouvait être faite solennellement,
par la voie de la presse, sur la place publique, mais était sûre d'éveiller,
d'un bout de la France à l'autre, mille échos retentissants. On n'en était
pas encore venu à être étouffé entre deux portes ; on n'était pas exposé à
être frappé dans l'ombre, en silence, à l'insu de tous, quelquefois à l'insu
de sa propre famille, on n'avait pas pour unique ressource « ce cri de
l'homme qu'on tue furtivement au coin d'une rue, » cri dont Carrel recon-
naissait lui-même l'impuissance.

» En ces jours dont vous évoquez l'image, la presse, c'est très-vrai, avait
à lutter contre de grands obstacles : lois de septembre, complicité morale, etc. Mais entre une liberté incomplète, toujours menacée, militante,
et pas de liberté du tout, la différence est incommensurable. Une vie tour-
mentée est encore la vie : où trouver le trait d'union entre la vie et le
néant ? Les obstacles ! Mais la presse d'alors, grâce à ce qui lui restait de
liberté, les transformait en instruments ; ils étaient le tronc d'arbre contre
lequel le sanglier aiguise ses défenses : le journalisme s'animait au combat

par les difficultés du combat, chaque danger couru lui faisait l'âme plus haute. Quand Lamennais allait à Sainte-Pélagie, Fontan à Poissy, Magalon aux bagnes, Dupoty à Doullens, c'était à la suite d'éclatants procès, où pas un mot tombé de leurs lèvres ne s'était perdu, où pas un de leurs gestes n'était resté ignoré, et lorsque, au bruit de mille protestations ardentes, ils étaient traînés en prison, le soleil de la publicité luisait sur leurs têtes, la France entière les suivait des yeux, les bénissait et se préparait à les venger. Comparez maintenant !

» Il est probable qu'au sortir de sa prison, Delecluze n'a été transporté que pour avoir refusé fièrement de courber la tête, que pour avoir parlé à la façon de Carrel, et dit, lui aussi : « C'est mon devoir, advienne que pourra. » Eh bien, avons-nous vu, à cette occasion, la France prendre feu, et « tout écrivain pénétré de sa dignité opposer la force à la force? » Non, et par cette raison bien simple que personne n'a *su*, ni ce que Delecluze pouvait avoir dit, ni même si on l'avait envoyé à Cayenne ! Qui *savait*, il y a un mois, où était Blanqui, ce qu'on avait fait de lui, et s'il vivait encore? La politique de l'empire est celle du *pont des soupirs*. Le moyen, après cela, de croire que, pour aller sonner, dans Paris « une de ces » cloches qui font tocsin dans le monde, » il suffit à quelques proscrits de vouloir ! S'il était un homme en France qui eût chance de parler avec impunité, c'était certes M. de Montalembert. Il n'avait donné que trop de gages au despotisme ; un des premiers, il s'était rallié au coup d'Etat ; il était le chef laïque des prêtres, de ces prêtres que Louis Bonaparte redoute et flatte. A frapper un homme comme M. de Montalembert, l'empire courait risque de tourner contre soi les intérêts mêmes qui lui sont un appui.

» Qu'est-il arrivé, cependant? Que, pour avoir osé publier, en l'honneur des institutions anglaises, une brochure où se pouvait deviner une attaque sourde, lui M. de Montalembert, le catholique, le royaliste, l'ex-pair de France, l'homme d'ordre par excellence, s'est vu traîner ni plus ni moins qu'un voleur devant la police correctionnelle, et a été condamné d'abord, puis gracié malgré lui, avec dédain. On en a parlé en Europe ; mais en France? Et à partir de ce jour-là, M. de Montalembert n'a soufflé mot. Quant à Proudhon, bien lui en a pris de ne pas attendre en France qu'à l'expiration de sa peine quelque loi de salut public lui ôtât, en l'envoyant à Cayenne, toute possibilité de récidive !

» Oui, quoi que vous en disiez, la matière peut, en de certains jours sombres, manquer à l'esprit ; et c'est ce qui arrive en France.

» J'admire votre manière de trancher les questions : « On n'a plus cette liberté de presse-là : eh bien, on la prend ! »

» Eh quoi ! mon cher Pyat, vous ne voyez pas jusqu'à quel point votre généreuse ardeur trouble ici votre jugement ! Après avoir, dans la protestation signée de vous, et à laquelle je ne saurais trop souvent vous ramener, qualifié l'amnistie de « *piége,* » vous demandez qu'on aille tomber dans ce « piége, » tête baissée ! Et il vous échappe que si Louis Bonaparte nous rappelle, c'est qu'il lui plairait fort de nous tenir en son pouvoir ! Et il ne

vous est pas venu un instant à l'esprit — si ce n'est au moment où vous
rédigiez votre protestation, si vite oubliée par vous, — que, dès notre ar-
rivée à Paris, nous serions pour la police un jouet et une proie ; qu'on
épierait nos moindres démarches ; qu'on empoisonnerait nos moindres
paroles ; que nos rapports de famille ou d'amitié seraient des crimes ?

» Il y a dans votre lettre un mot très-spirituel et, ce qui vaut mieux
encore, très-noble ; c'est celui-ci : « Ne parlons pas de dangers, je ne veux
» pas vous séduire. » C'est, en effet, une séduction que le danger à
courir, en vue du devoir ; mais le devoir demande qu'en courant d'une
manière folle à des périls sans fruit, on ne s'ôte pas d'avance le moyen
d'affronter des périls profitables. Or, supposons qu'au lieu d'avoir repoussé
à voix haute, avec énergie et — si vous me permettez d'employer un mot
que vous, moins que personne, avez droit de prendre en aversion — avec
dignité, une amnistie trop semblable à une insulte, nous eussions laissé
Louis Bonaparte entretenir l'Europe de sa *clémence*, sans lui répondre, et
en prenant nos passe-ports, n'aurait-il pas pu arriver qu'au bout de quelque
temps, sur un de ces prétextes de *salut public* que les polices impériales
ont toujours prêts, et en l'absence de toute publicité protectrice, on se
débarassât de nous, non pas en nous « rebannissant, » mais en nous mettant hors d'état de jamais inquiéter *le maître ?* Parmi ceux qui ont gardé
mémoire des procédés du 2 décembre, nul, j'espère, ne trouvera l'hypo-
thèse inadmissible ; et elle n'aurait rien que de fort naturel. Louis Bonaparte
étant l'homme que vous savez, si nous nous étions mis à crier bien fort :
« Nous voici, c'est à vous de sortir. »

» Convenez-en, nous aurions fourni là au héros du 2 décembre un assez
beau complément de son coup d'Etat ! Quelle occasion pour ses scribes de
nous présenter au monde comme des êtres intraitables, comme des Cinnas
coupables d'avoir abusé de la *clémence* d'Auguste ! Quel thème pour l'im-
bécile troupeau des adorateurs du succès quand même ! Il n'y aurait plus
eu de bornes au culte d'un génie capable d'achever ainsi l'œuvre de la
société sauvée ; et ceux-là même n'auraient pu s'empêcher de songer au fa-
meux « Tu l'as voulu, » que l'énormité de l'attentat aurait indignés contre
son auteur ou intéressés à ses victimes.

» Direz-vousque si, dans l'amnistie, je crains un piége, je devrais, pour
être conséquent, insister pour qu'aucun de nous, quelle que puisse être sa
situation, ne rentrât. Voici ma réponse : D'abord, quoique nous soyons
tous également dévoués à notre pays et dignes de son estime, il y aurait
affectation puérile à nier qu'il en est, parmi nous, qu'à tort ou à raison,
l'empire regarde comme plus dangereux ; ensuite, un second « coup
d'Etat » manquerait son but, s'il n'embrassait pas la totalité du parti républicain ; et enfin, c'est précisément parce que les uns restent, que les
autres risquent moins, en partant. Il n'est pas sans importance pour ceux-
ci que ceux-là retiennent le pouvoir, de dénoncer tout attentat par violence
ou par ruse, à l'Europe, au monde entier, seul tribunal aux arrêts duquel,
en ce moment, Louis Bonaparte ne puisse échapper.

» Et voilà comment l'unité morale du parti, loin d'être brisée par ce fait que les uns restent et que les autres partent, peut recevoir de ce fait même une force et une consécration nouvelles.

» Pesez un peu cela, mon cher Félix Pyat, et voyez s'il n'y aurait pas lieu d'appliquer ici votre maxime, que je tiens pour excellente et que j'adopte : « Prenons toujours ce qu'il y a de bon dans le sens commun et » défions-nous parfois du sublime. »

» Nul doute que tirer à bout portant ne soit un plus sûr moyen d'atteindre son but que « viser de cent lieues ; » et je vous concède qu'à cet égard l'opinion de votre « cuisinière » serait celle de « Machiavel. » Mais ce qu'ils diraient aussi d'une commune voix, c'est que, dans les circonstances actuelles, nous rendre en France avec visa des autorités, c'est, non pas tirer l'ennemi à bout portant, mais lui tendre bénévolement nos mains à lier. « Il ne faut pas laisser l'ennemi maître de la place, pour l'en mieux chasser. » Très-bien. Seulement vous oubliez que, quand l'ennemi est maître de la place, c'est précisément du dehors qu'on attaque la forteresse ; et l'on n'a garde d'aller s'y renfermer, sur l'invitation même de l'ennemi, avec une corde autour du cou !

» Si nous rentrions en France sans autre garantie que le désir que Louis Bonaparte, d'accord en ceci avec vous, témoigne de vous y voir, il adviendrait de deux choses l'une : ou bien, nous prendrions hardiment l'offensive, et, dans ce cas, nous offrirons à l'empire, avant d'être en état de le tenir en échec, l'occasion qu'il cherche de nous anéantir ; ou bien, nous nous condamnerions au tourment d'une circonspection de toutes les heures, retenant notre haleine, serrant à deux mains notre cœur toujours prêt à éclater, dévorant notre humiliation, vivant de la vie de *sujets*, et, dans ce cas, le parti républicain français, dont nul dans le monde ne porterait plus le drapeau, serait mort. »

» Aussi bien, quelle illusion est la vôtre ? Ne dirait-on pas, à vous entendre, que tout est perdu quand nous ne sommes pas là ? Ah ! qu'il s'en faut que nous ayons la souveraine influence que votre lettre nous attribue ! Soldats meurtris d'une cause qui a contre elle l'ignorance, l'égoïsme, les préjugés, la ligue de tous les abus, de toutes les forces organisées du vieux monde, par quel inexplicable excès d'orgueil croirions-nous la fortune de notre pays attachée à notre ceinture et nos amis de France frappés, loin de nous, d'une paralysie incurable ? Ils sont, selon vous, « la chiourme sans » Spartacus, une armée sans chef, la pâte sans levain, le feu sans poudre, » les zéros sans chiffres ? » Que de bonté à l'égard des uns, et, à l'égard des autres, que de sévérité !

» Pour moi, je vous avoue que je ne saurais admettre ces distinctions prodigieuses. J'ai foi en la spontanéité du peuple, je suis convaincu qu'un peu de poussière soulevée autour de certains hommes par le hasard des circonstances, et un peu de bruit fait autour de leurs noms, ne les autorise en aucune sorte à se proclamer les *meilleurs*, les hommes nécessaires, ou, pour parler votre langage, « les chefs, le levain, la poudre et les chiffres ; »

je connais de l'autre côté du détroit des citoyens qui , soit comme cœur, soit comme intelligence, ne le cèdent à personne.

» Ils sont aujourd'hui dans un état d'esclavage : je l'ai dit, parce que cela est, et que nul n'oserait le nier, parce qu'eux-mêmes le savent bien ; mais ils ne sont point, à cause de cela, des *zéros*. S'ils portent des chaînes, c'est en frémissant ; et s'ils ne les brisent pas, c'est qu'apparemment la situation a des causes plus générales et plus profondes que vous ne pensez. Elles pèseraient sur nous, puisqu'elles pèsent sur eux. La vitalité de notre pays n'est pas à ce point détruite qu'elle n'ait chance de se manifester que par nous, à tout jamais ; et il faudrait désespérer de la France, si elle en était à attendre qu'un Spartacus lui fut amené par le premier paquebot.

» Non que je nie le pouvoir de l'énergie individuelle, loin de là ! le 20 février 1857, j'écrivais, et je suis charmé que vous l'ayez rappelé :

» Que la politique de l'abstention est funeste ;

» Que la situation est de celles où un homme, forcé de défendre sa vie, saisit un mauvais bâton, à défaut d'un glaive ;

» Que, par conséquent, aucun des moyens d'action qui restent n'est à négliger.

» Et j'écrivais aussi :

» Que, quoique des cœurs dévoués battent sous la blouse de l'ouvrier et la veste du paysan, l'asservissement absolu de la presse risque de rendre inutiles les sacrifices de citoyens peu connus, tandis que, au contraire, des hommes dans une position de nature à fixer les regards pourraient imprimer à l'esprit public, en telle circonstance donnée, une impulsion salutaire.

» De tout ceci, je n'ai pas un seul mot à retrancher. Ma pensée n'a pas subi la moindre altération ; pour moi, « ce qui était vrai en 1857, l'est en 1859. »

» Mais ce que je crois en 1859 comme en 1857, c'est que l'audace doit être intelligente ; c'est qu'il lui est commandé, sous peine d'être stérile, ou même funeste, de tenir compte du jour, de l'heure, de l'occasion ; c'est qu'elle ne doit pas consister à donner étourdiment dans le premier piége qu'il plaît à nos ennemis de nous tendre.

» En 1857, l'application du passage de moi que vous citez se présentait naturellement. L'agitation électorale était partout, partout on se demandait avec anxiété quel était le parti à prendre ; nul doute que le refus collectif et motivé du serment par les élus de l'opposition n'eût porté coup. Et pourquoi? Parce qu'il s'agissait là d'une circonstance solennelle, d'un de ces événements qu'on ne peut ni taire ni voiler ; » parce que l'occasion était admirable de forcer l'empire à étouffer avec scandale la voix de cette souveraineté du peuple dont il prétend si mensongèrement tenir ses pouvoirs ; en un mot, parce qu'il était raisonnable d'espérer un résultat en rapport avec l'entreprise.

» Comment n'apercevez-vous pas la différence énorme qui existe entre ce que je conseillais alors et ce que vous conseillez aujourd'hui? Un simple rapprochement tranchera la question. Louis Bonaparte redoutait à ce point le refus collectif et motivé du serment en pleine assemblée, qu'il a pris depuis des mesures pour prévenir ce danger en soumettant le candidat à des conditions qui l'engagent. Redoute-t-il également notre rentrée en France ? Au contraire, il nous y veut, il nous y appelle ; et la preuve, c'est le décret d'amnistie, que, probablement, il n'a pas rendu par excès de tendresse pour le parti républicain ?

» Les cris de rage que nos refus arrachent au *Constitutionnel* vous apprendront, si vous l'ignorez, combien notre acceptation eût été agréable aux Tuileries. Vous demandez pourquoi « l'amnistie ne serait pas un moyen pour la liberté ? » La réponse, c'est vous, oui, vous-même, qui me la fournissez : « Parce que l'amnistie est un moyen pour l'empire. »

» Louis BLANC. »

NATIONAL BELGE, 5 octobre 1859, n° 278

« Lisbonne, le 15 septembre 1859.

» Monsieur le rédacteur,

» Veuillez nous rendre le service d'insérer dans votre estimable journal, les lignes suivantes :

» Nous donnons notre adhésion pleine et entière à la lettre publiée dans votre numéro du 1er septembre, sipnée : *Le délégué*, Félix PYAT.

» Veuillez accepter, monsieur, l'assurance de notre parfaite considération.

» A. FILLON, proscrit, de Paris ;
» DANTON, de Pau ;
» J. MIQUEL, proscrit, de Béziers ;
» ALIBAUD, de Nîmes (Gard). »